Vivaldi / *Dixit Dominus RV 594*

FONDAZIONE GIORGIO CINI
ISTITUTO ITALIANO ANTONIO VIVALDI

ANTONIO VIVALDI

Dixit Dominus

SALMO 109
PER DUE SOPRANI, TENORE E BASSO SOLISTI,
DUE CORI A QUATTRO VOCI MISTE,
DUE TROMBE, DUE OBOI
E ARCHI (DUE VIOLINI, VIOLA E BASSO)
DIVISI IN DUE CORI

RV 594

Riduzione per canto e pianoforte
condotta sull'edizione critica
della partitura a cura di

Reduction for voice and piano
based on the critical edition
of the orchestral score by

PAUL EVERETT

RICORDI

Riduzione per canto e pianoforte di – Reduction for voice and piano by Antonio Frigé

Traduzione italiana di – Italian translation by Nicholas Hunt

CP 141329
ISBN 978-88-7592-993-0
ISMN 979-0-041-41329-7

INDICE / CONTENTS

PREFAZIONE GENERALE

I criteri che guidano l'*Edizione critica* delle opere di Antonio Vivaldi sono analiticamente esposti nelle *Norme editoriali*, redatte a cura del Comitato Editoriale dell'Istituto Italiano Antonio Vivaldi. Se ne offre qui un estratto che descrive, nei termini indispensabili alla comprensione della riduzione per canto e pianoforte, la tecnica editoriale adottata.

L'edizione si propone di presentare un testo il più possibile fedele alle intenzioni del compositore, così come sono ricostruibili sulla base delle fonti, alla luce della prassi di notazione contemporanea e delle coeve convenzioni esecutive.

La tecnica di edizione adottata per opere singole o gruppi di opere è illustrata nell'*Introduzione* che contiene:

1. Una trattazione dell'origine e delle caratteristiche generali della composizione (o delle composizioni).
2. Un elenco delle fonti (comprese le fonti letterarie quando rivestano particolare importanza).
3. Una descrizione di tutte le fonti che il curatore ha collazionato o consultato, comprese le più importanti edizioni moderne.
4. Una relazione e una spiegazione relative alle scelte testuali derivanti dallo stato delle fonti e dalle loro reciproche relazioni e alle soluzioni adottate per composizioni particolarmente problematiche, non previste nella *Prefazione generale*. In particolare viene specificato quale fonte è usata come *fonte principale* dell'edizione, quale (o quali) sono state *collazionate*, *consultate* o semplicemente *elencate*.
5. Una discussione sulla prassi esecutiva relativa alla composizione o alle composizioni edite.

Nell'*Apparato critico*, dedicato alla lezione originale e alla sua interpretazione, sono trattate tutte le varianti rispetto alla fonte principale e alle fonti collazionate.

Ogni intervento del curatore sul testo che vada al di là della pura traslitterazione della notazione antica o che non corrisponda a un preciso sistema di conversione grafica qui segnalato, viene menzionato nell'*Apparato critico* o evidenziato attraverso specifici segni:

1. Parentesi rotonde (per indicazioni espressive o esecutive mancanti nelle fonti e aggiunte per assimilazione orizzontale o verticale; per correzioni e aggiunte del curatore laddove nessuna delle fonti fornisce, a suo giudizio, un testo corretto).
2. Corpo tipografico minore (per l'integrazione del testo letterario incompleto o carente sotto la linea o le linee del canto; per la realizzazione del basso continuo per strumento a tastiera, se presente).
3. Linee tratteggiate ⸌‒ ‒ ‒ ‒ ‒⸍ per legature di articolazione o di valore aggiunte dal curatore.
4. Semiparentesi quadre ⌐ ¬ per il testo musicale o letterario di un rigo derivato in modo esplicito (mediante abbreviazione) o implicito da un altro rigo.

Non vengono di norma segnalati nell'edizione gli interventi del curatore nei casi seguenti:

1. Quando viene aggiunta una legatura tra l'appoggiatura e la nota principale. Questa regola vale anche nel caso di gruppi di note con funzione di appoggiatura.
2. Quando segni di articolazione (per esempio punti di staccato) sono aggiunti a una serie di segni simili per assimilazione, sulla base di inequivocabili indicazioni della fonte.
3. Quando la punteggiatura viene corretta, normalizzata o modernizzata; lo stesso vale per l'ortografia e l'uso delle maiuscole.
4. Quando abbreviazioni comunemente usate vengono sciolte.

5. Quando pause di un'intera battuta mancanti nella fonte vengono aggiunte, e non c'è alcun dubbio che una parte del testo musicale sia stata inavvertitamente omessa.
6. Quando vengono introdotti dal curatore segni ritmici indicanti modalità di esecuzione.

Nell'*Apparato critico* l'altezza dei suoni viene così citata:

Le numeriche del basso continuo possono essere, se necessario, corrette dal curatore, che tuttavia non ne aggiungerà di nuove. Le alterazioni sono apposte davanti alle numeriche cui si riferiscono e i tratti trasversali indicanti l'alterazione cromatica di una nota (♮) sono sostituiti dal diesis o dal bequadro corrispondenti. L'abbassamento di un semitono di una cifra del basso precedentemente diesizzata, è sempre indicata col segno di

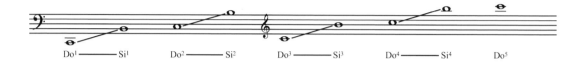

Do^1 ——— Si^1 Do^2 ——— Si^2 Do^3 ——— Si^3 Do^4 ——— Si^4 Do^5

Le armature di chiave sono modernizzate per intere composizioni o per singoli movimenti, e l'armatura di chiave originale è indicata nell'*Apparato critico*. L'edizione usa le seguenti chiavi per le parti vocali: la chiave di violino, la chiave di violino tenorizzata e la chiave di basso. Le chiavi originali o i cambiamenti di chiave sono registrati nell'*Apparato critico*.

Per quanto concerne il trattamento delle alterazioni, le fonti settecentesche della musica di Vivaldi seguono l'antica convenzione secondo la quale le inflessioni cromatiche mantengono la loro validità solamente per il tempo in cui la nota alla quale è premessa l'alterazione è ripetuta senza essere interrotta da altri valori melodici, indipendentemente dalla stanghetta di battuta. Pertanto la traslitterazione nella notazione moderna comporta l'automatica aggiunta di certe alterazioni e la soppressione di altre. Inflessioni cromatiche non esplicite nella notazione della fonte originale, ma aggiunte dal curatore, sono segnalate, quando è possibile, nella riduzione, mettendo tra parentesi l'alterazione o le alterazioni introdotte. Se la stessa alterazione è presente nell'armatura di chiave, ovvero appare precedentemente nella stessa battuta, mantenendo dunque, secondo le convenzioni moderne, la propria validità, l'intervento del curatore viene segnalato nell'*Apparato critico*, dove viene offerta la lezione originale. Quando si fa riferimento a note della fonte che, anche se interessate da un'inflessione cromatica, non sono precedute da alcuna alterazione (generalmente perché l'inflessione è prescritta dall'armatura di chiave), la parola o il simbolo per l'inflessione sono racchiusi tra parentesi.

bequadro, anche se le fonti, talvolta, usano per lo stesso scopo il segno di bemolle.

Quando la ripetizione del «Da Capo» non è scritta per esteso (come avviene per lo più nelle composizioni vocali), la prima sezione deve essere ripetuta dall'inizio o dal segno ✳ , sino alla cadenza della tonalità fondamentale, contrassegnata generalmente da una corona, o sino al segno ✳ . Nelle arie e in composizioni vocali simili, il «Da Capo» deve essere eseguito dal solista (o dai solisti) con nuovi abbellimenti, in armonia con il carattere ritmico e melodico del brano.

Nei recitativi, le appoggiature per la parte di canto non vengono indicate una per una nel testo dell'edizione, pertanto il cantante deve compiere sempre una scelta giudiziosa del luogo ove introdurle. Di norma sono richieste in tutte le formule cadenzali nelle quali c'è un intervallo discendente prima dell'ultima sillaba accentata di una frase; se l'intervallo è una seconda o una terza maggiore o minore, la sillaba accentata è cantata un tono o un semitono sopra (secondo l'accordo sottostante) rispetto alla nota successiva; se l'intervallo è più ampio di una terza, la sillaba accentata è intonata alla stessa altezza della nota precedente. Questo vale sia che il basso abbia o non abbia una cadenza, sia che la nota dell'appoggiatura sia consonante o meno col basso. Talvolta si possono introdurre appoggiature anche all'interno di una frase, per dare importanza a certe parole, anche quando l'ultima sillaba accentata è raggiunta partendo da una nota inferiore. Ma anche in questo caso, la nota dell'appoggiatura deve essere più alta rispetto alla nota successiva; appoggiature ascendenti possono essere consigliabili in frasi che terminano con un punto di domanda o che richiedano una particolare espressività. Nei recitativi, quando non altrimenti indicato, tutte le note del basso e gli accordi corrispondenti del rigo superiore devono essere eseguiti come «attacchi» di breve durata; questo, in particolare, nella musica vocale profana. Devono essere tenuti solo gli accordi alla fine di un recitativo, segnalata da una corona.

Il trattamento ritmico degli accordi delle cadenze nell'accompagnamento dei recitativi è generalmente suggerito, nell'edizione, dalla realizzazione del basso continuo; ritardare troppo gli accordi sulle cadenze non è consigliabile nei recitativi di composizioni profane. Le «cadenze posposte», nelle quali la nota del basso entra dopo che la voce ha smesso di cantare, sono suggerite nell'edizione solo per conclusioni cadenzali particolarmente importanti, mediante l'inserzione di una virgola tra parentesi sopra il rigo superiore e inferiore.

Dopo una cadenza, nel corso di un recitativo, è da evitare un ritardo nell'attacco della frase successiva, a meno che una virgola tra parentesi non lo richieda espressamente.

Gli abbellimenti vocali e strumentali diversi da quelli da impiegarsi nel «Da Capo» e nei recitativi, sono aggiunti dal curatore (tra parentesi) se assenti nella fonte, nei punti in cui sono di norma richiesti dalle convenzioni esecutive dell'epoca di Vivaldi. Se la fonte indica o sottintende una cadenza, questo verrà specificato nell'*Apparato critico*, ma di norma non ne verrà offerta una realizzazione. Nelle arie con «Da Capo» è richiesta di solito una cadenza almeno alla fine dell'ultima sezione, e spesso anche alla fine della seconda (quella centrale); ciò non verrà specificato caso per caso nell'*Apparato critico*, salvo laddove occorra chiarire l'esatta posizione della cadenza stessa.

GENERAL PREFACE

The guiding principles behind the *Critical Edition* of the works of Antonio Vivaldi are set out in detail in the *Editorial Norms* agreed by the Editorial Committee of the Istituto Italiano Antonio Vivaldi. We give below a summary which describes, in terms essential to the understanding of the reduction for voice and piano, the editorial principles adopted.

The edition aims at maximum fidelity to the composer's intentions as ascertained from the sources in the light of the contemporary notational and performance practice.

The editorial method employed for single works or groups of works is described in the *Introduction* which normally contains:

1. A statement of the origin and general characteristics of the compositions.
2. A list of sources, including literary sources when relevant.
3. A description of all the sources collated or consulted by the editor, including the most important modern editions.
4. An account and explanation of decisions about the text arising from the state of the sources and their interrelationship, and of solutions adopted for compositions presenting special problems, unless these are already covered in the *General Preface*. In particular, it will be made clear which source has been used as the *main source* of the edition, and which others have been *collated, consulted* or merely *listed*.
5. A discussion of performance practice in regard to the composition(s) published.

A critical commentary concerned with original readings and their interpretation, lists all variations existing between the main source and the collated sources.

All instances of editorial intervention which go beyond simple transliteration of the old notation or which do not conform to a precise system of graph-ical conversion described below will be mentioned in the *Critical Commentary* or shown by special signs:

1. Round brackets (for marks of expression or directions to the performer absent in the sources and added through horizontal or vertical assimilation; for editorial emendations where none of the sources, in the editor's judgement, provides a correct text).
2. Small print (to complete an underlaid text when some or all words are missing; for the realization for keyboard of the continuo, if present).
3. Broken lines ⌐ ‐ ‐ ‐ ‐ ‐ ‐ ⌐ for slurs and ties added editorially.
4. Square half-brackets ⌐   ⌐ for musical or literary text derived explicitly (by means of a cue) or implicitly from that on (or under) another staff.

Normally, the editor will intervene tacitly in the following cases:

1. When a slur linking an appoggiatura to the main note is added. This applies also to groups of notes functioning as appoggiaturas.
2. When marks of articulation (e.g. staccato dots) are added to a series of similar marks by assimilation and the source leaves no doubt that this is intended.
3. When punctuation is corrected, normalized or modernized; the same applies to spelling and capitalization.
4. When commonly used abbreviations are resolved.
5. When whole-bar rests absent in the source are added, there being no reason to think that a portion of musical text has inadvertently been omitted.
6. When editorial rhythmic signs indicating a manner of performance are added.

In the *Critical Commentary,* the pitches are cited according to the following system:

til the tonic cadence at the end of this section, which is usually marked by a fermata, or until the sign ⌗ .

C——B   c——b   c'——b'   c"——b"   c'''

The key signatures of whole compositions or individual movements are modernized where appropriate and the original key signature given in the *Critical Commentary.* The edition employs the following clefs for vocal parts: treble, "tenor G" and bass clefs. Original clefs or clef changes are recorded in the *Critical Commentary.*

In regard to the treatment of accidentals, the 18th-century sources of Vivaldi's music adhere to the old convention whereby chromatic inflections retain their validity for only so long as the note to which an accidental has been prefixed is repeated without interruption, irrespective of barlines. Conversion to modern notation thus entails the tacit addition of some accidentals and the suppression of others. Chromatic inflections not made explicit in the notation of the original source but supplied editorially are shown where possible in the reduction for voice and piano, the one or more accidentals entailed being enclosed in parentheses. If the same accidental is present in the key signature or appears earlier in the same bar, therefore remaining valid under the modern convention, the editorial intervention is recorded in the *Critical Commentary,* where the original reading is given. When reference is made to notes of the source that, although chromatically inflected, are not themselves preceded by any accidental (usually because the inflection is prescribed by the key signature), the word or symbol for the inflection is enclosed in parentheses.

Where necessary, the figures of the *basso continuo* may be corrected by the editor, who will not add any new figures, however. Accidentals precede the figures to which they refer, and cross-strokes indicating the chromatic inflection of a note (6) are replaced by the appropriate accidental. The lowering by a semitone of a previously sharpened bass figure is always indicated by the natural sign, although the sources sometimes use the flat sign synonymously.

Where the "Da Capo" repeat is not written out (mostly in vocal pieces), the first section has to be repeated, from the beginning or from the sign ⌗ un-

In arias and similar vocal pieces the "Da Capo" repeat should be performed by the soloist(s) with new embellishments in accordance with the rhythmic and melodic character of the piece.

In recitatives the appoggiaturas for the singer are not indicated individually in the main text of the edition, as the singer has always to make a judicious selection of the places where to sing them. They are normally expected in all cadential formulas where there is a falling interval before the last accented syllable of a phrase; if the interval is a minor or major second or third; the accented syllable is sung a tone or semitone higher (according to the harmony) than the following note; if the interval is larger than a third, the accented syllable is sung at the same pitch as the preceding note. This is valid whether or not the bass actually cadences at that point, and whether or not the appoggiatura is consonant or dissonant with the bass. Occasionally, appoggiaturas can also be sung within a phrase, to lend emphasis to certain words, even when the last accented syllable is approached from below. Here, too, the appoggiatura should lie above the note following it, but rising appoggiaturas may be appropriate in phrases ending with a question mark or where special expressiveness is required. All bass notes of the recitatives, including the corresponding chords in the upper staff, should be performed as short "attacks", at least in secular music, where not otherwise indicated. Sustained chords are limited to those at the end of a recitative, marked by a fermata.

The rhythmic treatment·of cadential chords in the accompaniment of recitative is usually suggested in the edition by the continuo realization; longer delays of the cadential chords are not appropriate in secular recitative. "Postponed cadences", where the bass note enters after the voice has finished, are suggested in the edition only at major stopping points, by the insertion of a bracketed comma in the upper and lower staff at this juncture. After a cadence within the course of a recitative there should be no delay in the attack of the next phrase, unless a bracketed comma specifically calls for it.

Other vocal and instrumental embellishments than those in "Da Capo" repeats and in recitatives are supplied editorially (in brackets) if absent from the source, where they are normally required by the performing conventions of Vivaldi's age. If the source indicates or implies a cadenza, this will be pointed out in the *Critical Commentary,* but normally no specimen of one will be supplied. In "Da Capo" arias cadenzas are usually expected at least at the end of the last section, and often also at the end of the second (middle) section; this will not be specifically pointed out in the *Critical Commentary* except in cases where the exact position of the cadenza needs clarification.

INTRODUZIONE

La musica sacra vocale di Vivaldi, che può essere suddivisa nelle categorie della musica liturgica e della musica non liturgica, comprende oltre cinquanta composizioni riconosciute come autentiche. Molte di esse, forse la maggioranza, furono scritte per il coro del Pio Ospedale della Pietà (l'istituzione veneziana per trovatelli alla quale il compositore veneziano fu legato per molta parte della sua attività), nei periodi in cui nessun maestro di coro era disponibile; tali periodi si collocano negli anni 1713-1719 (tra la partenza di Francesco Gasparini e l'incarico a Carlo Luigi Pietragrua) e negli anni 1737-1739 (tra la partenza di Giovanni Porta e la sua sostituzione con Gennaro D'Alessandro). È importante ricordare tuttavia che, una volta conquistata una reputazione in questo genere di composizioni, Vivaldi ricevette commissioni per musiche vocali sacre da varie altre parti, cosicché sarebbe un errore identificare in maniera troppo esclusiva questo aspetto della sua attività con la Pietà.

Pubblicata per la prima volta in età moderna nel 1970 e considerata da molti come una delle opere sacre di maggior spessore, RV 594 è un caso esemplare.[1] È molto probabile, in fin dei conti, che Vivaldi abbia composto almeno un'intonazione del *Dixit Dominus* per la Pietà, visto che questo salmo (il 109 seguendo la numerazione della Vulgata) era in assoluto il più cantato tra tutti i salmi dei vespri, sia in generale nel rito quotidiano della Chiesa cattolica, sia in particolare per le funzioni dei quattro Ospedali grandi di Venezia. Era infatti un salmo richiesto sia per i vespri domenicali, sia per le feste della Santa Vergine Maria e per molte altre cerimonie.[2] Ma se l'altra intonazione vivaldiana di questo salmo pervenutaci, RV 595 per coro singolo, può con buona sicurezza essere associato alla Pietà e al suo gruppo interamente femminile, RV 594 fu probabilmente concepito per essere rappresentato in qualche altro luogo.[3] Questa considerazione si basa essenzialmente sulla presenza all'interno del sesto movimento (*Dominus a dextris tuis*) di estese e impegnative parti per tenore e basso solisti, presumibilmente maschi, e sulla circostanza che il manoscritto autografo risalga a un periodo cronologico in cui Vivaldi non aveva l'obbligo di fornire musica sacra per la Pietà.

L'incertezza sulla genesi del *Dixit Dominus*, RV 594, permarrà probabilmente per mancanza di prove. Rimane invece la necessità di scoprire la ragione (o le ragioni) dell'esistenza di questa e di altre composizioni sacre tra i manoscritti vivaldiani degli anni Venti e dei primi anni Trenta, dato che la loro destinazione non poteva essere la Pietà. Due ipotesi proposte in anni recenti da Michael Talbot, che prendono spunto entrambe da riferimenti a San Lorenzo Martire presenti in un certo numero di opere, sono a oggi considerate estremamente plausibili ma non hanno ancora trovato conferma. La prima ipotesi riguarda il lavoro in questione e la maggior parte delle altre composizioni attribuibili al periodo centrale della produzione sacra vivaldiana. Tali opere avevano quale destinazione la festa del patrono di San Lorenzo in Damaso (10 agosto), la chiesa romana situata accanto al palazzo del cardinale Pietro Ottoboni, il cui patrocinio nei riguardi di Vivaldi iniziò non più tardi del 1723.[4] L'altra ipotesi suggerisce che la destinazione delle opere fosse il Convento di San Lorenzo a Venezia.[5]

---

[1] La prima edizione moderna a stampa di RV 594 venne curata da Gian Francesco Malipiero (Milano, Ricordi, 1970). Per una recente valutazione del lavoro e dell'ingegnoso utilizzo dei due cori, vedi MICHAEL TALBOT, *The Sacred Vocal Music of Antonio Vivaldi* («Quaderni vivaldiani», 8), Firenze, Olschki, 1995, pp. 368-374 e 387-398.

[2] L'uso liturgico presso gli Ospedali dei vari salmi dei vespri viene discusso in *ibid.*, pp. 69-72.

[3] RV 595 fu pubblicato in edizione critica nel 1993 (PR 1318).

[4] Vedi MICHAEL TALBOT, *Vivaldi and Rome: Observations and Hypotheses*, «Journal of the Royal Musical Association», 113 (1988), pp. 28-46. Talbot ha successivamente rivisto e aggiornato le sue argomentazioni su Ottoboni e San Lorenzo in Damaso; vedi ID., *The Sacred Vocal Music*, cit., pp. 167-169.

[5] *Ibid.*, pp. 170-171.

Per le nostre finalità, è utile valutare la sola fonte esistente del *Dixit Dominus,* RV 594: un manoscritto autografo conservato presso la Biblioteca Nazionale Universitaria di Torino, dove è rilegato come quinto brano, cc. 45-88, in Giordano 35. Come gli altri documenti del volume, è in formato verticale in quarto. Le quarantaquattro carte che lo compongono misurano approssimativamente 225 mm in larghezza per 325 mm di altezza e costituiscono quattro fascicoli configurati come segue: (1) cc. 45-60: un fascicolo di otto doppie carte, contenente i movimenti I-III; (2) cc. 61-68: un fascicolo di quattro doppie carte con i movimenti IV, V e la maggior parte del movimento VI; (3) cc. 69-78: un fascicolo di cinque doppie carte con il rimanente del movimento VI, i movimenti VII e VIII, insieme alla prima parte del movimento IX; (4) cc. 79-88: una singola doppia carta nella quale il movimento IX è completato, seguita da un fascicolo di quattro doppie carte contenente il movimento X. Tutti i fascicoli – eccetto il primo – sono numerati sulla prima pagina per assicurarne la corretta successione; conformemente all'uso dei grandi manoscritti vivaldiani composti dopo il 1724, ogni segnatura consiste in una cifra sottolineata posta sulla pagina nell'angolo in alto a sinistra. Un tale assemblaggio di fascicoli abbastanza grossi, nel quale si evita l'utilizzo di isolati quaderni di quattro fogli e di singole carte (elementi potenzialmente soggetti a smarrimenti o ad accidentali spostamenti), è altamente significativo poiché rimanda alla possibile esistenza di una (o forse più di una) precedente versione del brano. Questa modalità di collazione è tipica delle partiture trascritte dallo stesso Vivaldi quando sapeva con esattezza, o poteva stimare in maniera abbastanza precisa, quanta carta da musica sarebbe occorsa: poteva trattarsi di una copia nel significato letterale del termine (in pratica la duplicazione senza modifiche del testo di un altro documento) o di una «composizione-copia», una mescolanza di musica ricopiata da altre fonti senza modifiche e di musica ritoccata o rimaneggiata, in misura più o meno estesa, durante il processo di copiatura. Il manoscritto autografo di RV 594 appartiene senza dubbio alla seconda categoria.

Il manoscritto impiega uniformemente carta da musica di 16 righi di un tipo speciale, con pentagrammi tirati senza interruzione lungo ogni metà del foglio originale. Come mostra la notazione di Vivaldi per ognuno di questi movimenti, tale caratteristica permette alla musica di essere scritta in ampi sistemi che continuano su ogni «apertura» di pagina (dal *verso* di una pagina al *recto* di quella successiva). Tutti i fogli appartengono a un unico tipo di carta realizzata nel Veneto, da noi catalogata come «B9» e caratterizzata da una generica filigrana di «tre mezze lune» e, tra gli altri segni di riconoscimento, da una filigrana d'angolo consistente nelle iniziali «FC».[6] Inoltre, tutte le carte mostrano la medesima rastrografia (schema di rigatura), prodotta mediante l'utilizzo di un unico tiralinee a sedici righi: la sua larghezza, dal rigo più alto al rigo più basso, misura poco più di 265 mm. Questa rastrografia appare in due altri autografi: l'inno *Deus tuorum militum,* RV 612, e un'intonazione in due cori dell'antifona mariana *Salve Regina,* RV 616.[7] Sebbene tale uguaglianza non indichi necessariamente contemporaneità, sono alte le probabilità che i tre manoscritti siano quasi coevi. A giudicare dall'incidenza della carta tipo B9 (con varie rastrografie) nei manoscritti vivaldiani, la datazione si può collocare nel periodo che va dalla fine degli anni Venti ai primi anni Trenta.[8]

Il titolo dato da Vivaldi al lavoro, scritto al centro della c. 45*r*, recita semplicemente: «Dixit | in due Cori | Del Viualdi». La musica stessa corre ininterrotta sulle pagine rimanenti, dalla c. 45*v* alla c. 88*v*. La tipica conferma della fine del lavoro da parte del compositore, «Finis», appare sotto l'ultimo rigo dell'ultima pagina. Come avviene spesso nei manoscritti autografi di Vivaldi (quelli che sarebbero stati usati unicamente da lui stesso o dai copisti abi-

---

6   L'etichetta «B9» è una indicazione provvisoria basata sugli studi effettuati dall'autore sulla provenienza e la cronologia dei manoscritti vivaldiani; sebbene possa venire rivista in futuro, viene qui citata per coerenza con i testi esistenti. Com'era prevedibile, entrambe le forme «gemelle» di B9 sono presenti nel manoscritto di RV 594. In una, le tre mezze lune sono disposte a una distanza di 107 mm totali, mentre nell'altra la misura equivalente è di circa 103 mm.

7   Questi autografi sono conservati, come il manoscritto di RV 594, in Giordano 35: cc. 126-144 e 145-162, rispettivamente.

8   Casi databili di B9 conservati presso la Biblioteca Nazionale Universitaria di Torino includono alcune delle partiture vivaldiane dei primi anni Trenta – *Farnace* (versione di Pavia, 1731), *Dorilla in Tempe* (1734), *L'Olimpiade* (1734) – e alcuni concerti per oboe scritti non prima di fine 1734, discussi in PAUL EVERETT, *Vivaldi's Paraphrased Oboe Concertos of the 1730s,* «Chigiana», 41, nuova serie 21 (1989, pubblicato nel 1991), pp. 197-216. Sarebbe sbagliato, comunque, presumere da ciò che questa intonazione del *Dixit Dominus* debba anch'essa appartenere alle opere degli anni Trenta; altri manoscritti dimostrano che Vivaldi aveva accesso alla carta B9 durante gli anni Venti.

tuati al suo metodo di lavoro), le parti vocali e strumentali mancano spesso della loro definizione all'inizio di ogni movimento: le si identificano grazie alle rispettive chiavi e all'ordine con il quale i righi occorrono all'interno di ogni sistema. Le otto parti per i due cori vengono distinte con parentesi per ciascun coro nominato espressamente solo sulla prima pagina della musica («P[ri]mo Coro» e «2do [secondo] Coro»). Per i movimenti I, II, V, VII, IX e X la notazione utilizza un sistema di 16 righi, dove è sottinteso (ove Vivaldi non dia indicazioni contrarie) che le parti per ciascun coro si dispongono come segue (leggendo i righi dall'alto in basso): primo violino, secondo violino, viola, soprano, contralto, tenore, basso, basso continuo. Le parti per soprano, contralto e tenore impiegano, come è lecito attendersi, la chiave di Do rispettivamente sul primo, terzo e quarto rigo. Una disposizione simile si applica anche per il movimento III, con la sola differenza che in questo caso il sistema si riduce a 10 righi, omettendo le voci di contralto, tenore e soprano per ciascun coro. I movimenti IV e VIII, per un solo coro, sono annotati su un sistema di cinque righi, una disposizione che permette tre sistemi per pagina. Similmente, il movimento VI si svolge su due sistemi di sei righi ciascuno.

In tutto il manoscritto, la notazione è piuttosto ordinata e molto precisa, in particolar modo per quanto concerne gli accidenti. Ulteriori prove che la partitura fosse un testo definitivo dal quale ricavare i materiali per l'esecuzione, sono la presenza di indicazioni di dinamica nella maggior parte dei movimenti, le parti di basso cifrate più dettagliate di quanto non fosse di solito e la somma del numero complessivo di battute segnata alla fine di ogni movimento.[9] Queste caratteristiche e la sorprendente frequenza di abbreviazioni e rimandi (quali «Ut supra»), per indicare come ricavare certe parti da altre, mostrano oltre ogni dubbio che il manoscritto è una partitura in bella copia pienamente definita, in sostanza, sotto tutti gli aspetti. Ciò nonostante, durante la copiatura Vivaldi colse l'opportunità di rivedere in qualche punto la partitura (sebbene solo in modo marginale, da quello che si può arguire) come mostrano le poche revisioni nel manoscritto.

Il testo di questa edizione, riportato qui di seguito, normalizza tacitamente quello posto sotto le note nella fonte, adottando l'ortografia del *Liber usualis*.

I. Dixit Dominus Domino meo: sede a dextris meis.
II. Donec ponam inimicos tuos, scabellum pedum tuorum.
III. Virgam virtutis tuae emittet Dominus ex Sion: dominare in medio inimicorum tuorum.
IV. Tecum principium in die virtutis tuae in splendoribus sanctorum: ex utero ante luciferum genui te.
V. Juravit Dominus, et non paenitebit eum: tu es sacerdos in aeternum secundum ordinem Melchisedech.
VI. Dominus a dextris tuis, confregit in die irae suae reges.
VII. Judicabit in nationibus, implebit ruinas: conquassabit capita in terra multorum.
VIII. De torrente in via bibet: propterea exultabit caput.
IX. Gloria Patri, et Filio, et Spiritui Sancto.
X. Sicut erat in principio, et nunc, et semper.
XI. Et in saecula saeculorum. Amen.

Infine, vogliamo occuparci di alcune questioni che riguardano l'esecuzione e che non sono ancora state esaminate. Sebbene il manoscritto autografo non utilizzi mai la parola «solo» con riferimento alle parti vocali, è sottinteso che la musica dove vengono indicate solamente una o due parti vocali (movimenti III, IV, VI e VIII) dovrebbe essere cantata da un cantante solo per parte. Gli assoli potrebbero essere abbelliti con criterio, e nel movimento IV la corona della b. 67 suggerisce una breve cadenza vocale. Ne consegue che in tali movimenti si potrebbe ridurre il gruppo del continuo che accompagna ogni coro nelle sezioni vocali, e soprattutto in quelle dove Vivaldi omette gli strumenti dei righi superiori. Altrove, e in particolar modo nei movimenti composti per cori completi di strumenti e voci, non vi è ragione perché l'intero gruppo del continuo non suoni costantemente. In ogni coro si dovrebbe impiegare per le parti di basso almeno uno strumento a corda (violone o contrabbasso) che suoni all'ottava grave, insieme a violoncelli, e forse a un fagotto. Dei possibili strumenti realizzatori per ciascun coro, i più adatti sembrano essere un organo positivo e una tiorba. È appropriato l'utilizzo di due organi per ciascun coro, dato che nei movimenti I, III e VII Vivaldi aggiunge varie indicazioni che includono il

---

[9] Nel caso del movimento VII, il totale di «35» indicato sulla c. 75*r* si riferisce esclusivamente alla sezione finale: le bb. 54-88 di questa edizione.

termine «organi», così come avviene nel *Confitebor tibi Domine,* RV 596, scritto per un coro singolo. Sebbene sia anche plausibile che Vivaldi abbia usato il termine plurale per significare genericamente tutti gli strumenti coinvolti nella realizzazione del basso, è più probabile che abbia voluto intendere più organi, con probabile riferimento agli organi portatili molto comuni nelle chiese italiane.[10]

Le indicazioni dinamiche offerte da Vivaldi in questo *Dixit Dominus* sono tipiche poiché si riferiscono per lo più a riduzioni del volume sonoro (*piano*), rispetto a una dinamica più corposa (*forte*) e si riferiscono più all'equilibrio relativo delle voci che al volume sonoro in sé. In questo contesto, *forte* è una convenzione data spesso per scontata (specie all'inizio di un movimento) più che esplicitamente notata, e non deve essere necessariamente intesa in senso assoluto. A differenza del *piano*, il *pianissimo* di Vivaldi (specificato alle bb. 16, 17 e 41 del movimento VII) richiede una gradazione sonora molto contenuta. Si possono ovviamente applicare ulteriori variazioni dinamiche per adeguarsi alle condizioni acustiche del luogo di esecuzione, alla scelta delle forze strumentali e vocali, o per altre ragioni; l'insieme limitato delle dinamiche prescritte dal compositore, così come le poche annotazioni editoriali supplementari, sono certamente intese come un'indicazione di massima all'interno della quale gli esecutori possono muoversi a loro discrezione. Va segnalato che Vivaldi parrebbe conferire tale diritto ai cantanti, omettendo volutamente di fornire loro indicazioni dinamiche sulle parti vocali in passaggi dove vengono indicate invece per gli strumenti (fa eccezione per il movimento VII). Tali questioni possono, se non si fa attenzione, essere sopravvalutate nel nostro modo di concepire l'interpretazione. In fin dei conti, il modo ideale di rendere la musica dell'epoca di Vivaldi non si basa tanto sui contrasti dinamici, ma su sottili variazioni dell'agogica, dell'articolazione e degli abbellimenti, praticate con naturalezza.

Vivaldi incoraggiava la pratica alquanto desueta, e apparentemente circoscritta a Venezia, di far precedere all'esecuzione di un'intonazione elaborata quale il *Dixit Dominus*, o di altre parti della liturgia quali il *Gloria* e il *Miserere,* una *Introduzione*: una specie di mottetto a voce sola, senza «Alleluia» conclusivo, che intona un testo latino collegato, direttamente o indirettamente, al testo liturgico che segue. Delle otto *Introduzioni* sopravvissute di Vivaldi, due sono state composte per precedere il *Dixit Dominus*. Una di queste, *Ascende laeta,* RV 635, è datata intorno alla metà degli anni Dieci e perciò non può essere stata composta come introduzione a quest'opera. Gli esecutori di oggi che desiderino includere una *Introduzione* potrebbero preferire l'altro esempio a noi pervenuto, *Canta in prato, ride in fonte* in Sol maggiore, RV 636, che per molti versi e non solo per via della tonalità appropriata, si combina in modo naturale con l'opera in questione. A differenza di RV 635, RV 636 parrebbe essere quasi contemporanea di RV 594 e viene associata da Talbot al gruppo di opere connesse con San Lorenzo di cui si è fatta menzione in precedenza. E in modo insolito per una *Introduzione*, RV 636 richiede un paio di oboi di rinforzo ai violini, proprio come RV 594 (almeno all'inizio). Infine, vi è un'indicazione inequivocabile che porta a credere che RV 636 fosse stata intesa come un'introduzione all'intonazione del *Dixit Dominus* per due cori, e cioè il fatto che il suo manoscritto autografo rechi l'iscrizione «2 Cori» sebbene il mottetto stesso sia scritto per un singolo ensemble e un soprano solista.[11]

---

[10] Sull'utilizzo da parte di Vivaldi dell'organo e di altri strumenti del continuo, vedi TALBOT, *The Sacred Vocal Music,* cit., pp. 282-283 e 500-501.

[11] RV 636 è disponibile in edizione critica sia da sola (PR 1272) sia insieme alle altre *Introduzioni* (PR 1286).

INTRODUCTION

Vivaldi's sacred vocal music, which can be further divided into liturgical and non-liturgical categories, comprises over fifty works reckoned authentic. Many of them, perhaps most, were written for the *Coro* of the Pio Ospedale della Pietà, the Venetian institution for foundlings with which the composer was associated for much of his working life, during periods when no *maestro di coro* was available for the task; such periods occurred in 1713–1719 (between the departure of Francesco Gasparini and the appointment of Carlo Luigi Pietragrua) and 1737–1739 (between the departure of Giovanni Porta and his replacement by Gennaro D'Alessandro). It is important to remember, however, that once Vivaldi's reputation in this branch of composition was established he received commissions for sacred vocal music from various other sources, so that it would be a mistake to associate this side of his activity too exclusively with the Pietà.

The present work, first published in a modern edition in 1970 and widely regarded as one of the composer's most impressive sacred compositions, is a case in point.[1] It is very likely, after all, that Vivaldi composed for the Pietà at least one setting of the *Dixit Dominus*, the psalm (Psalm 109 in the numbering of the Vulgate) which was, both within the Roman Catholic rite in general and for services at the four Venetian *Ospedali grandi* in particular, the most frequently sung of all the Vesper psalms, being required at the Vespers of Sundays, feasts of the Blessed Virgin Mary and many other feasts.[2] But whereas Vivaldi's other surviving setting, RV 595

for a single *coro*, may confidently be associated with the Pietà and its all-female ensemble, the present work, RV 594, was probably conceived for performance elsewhere.[3] The basis for that conclusion is principally the appearance in the sixth movement (*Dominus a dextris tuis*) of extended and challenging parts for tenor and bass soloists, presumably male, and the fact that the autograph manuscript originates from a period when Vivaldi was not required to supply the Pietà with sacred vocal music.

Uncertainty about the genesis of the *Dixit Dominus*, RV 594, will doubtless persist for want of evidence. There remains a pressing need to discover the reason (or reasons) for the existence of this and several other sacred vocal compositions among Vivaldi's manuscripts of the 1720s and early 1730s, given that their destination could not have been the Pietà. Two hypotheses proposed in recent years by Michael Talbot, both taking as their point of departure references to St Lawrence Martyr in a few of the works, remain persuasive but as yet unsubstantiated. One is that the present work and most of Vivaldi's other "middle-period" sacred compositions were intended for the patronal festival of San Lorenzo in Damaso (10 August), the church in Rome which adjoined the palace of cardinal Pietro Ottoboni, whose occasional patronage of Vivaldi began no later than 1723.[4] The other is that the destination of these works was the Convent of San Lorenzo in Venice.[5]

For present purposes, we will confine ourselves to assessing the only extant source for the *Dixit Dominus*, RV 594: an autograph manuscript pre-

---

[1] The first modern edition of RV 594 to appear in print was edited by Gian Francesco Malipiero (Milan, Ricordi, 1970). For a recent evaluation of the work and the resourceful way in which the two *cori* are employed in it, see MICHAEL TALBOT, *The Sacred Vocal Music of Antonio Vivaldi* ("Quaderni vivaldiani", 8), Florence, Olschki, 1995, pp. 368–374 and 387–398.

[2] The liturgical use at the *Ospedali* of the various Vespers psalms is reviewed in *ibid.,* pp. 69–72.

[3] The critical edition of RV 595 was published in 1993 (PR 1318).

[4] See MICHAEL TALBOT, *Vivaldi and Rome: Observations and Hypotheses*, "Journal of the Royal Musical Association", 113 (1988), pp. 28–46. Talbot has since revisited and updated his argument concerning Ottoboni and San Lorenzo in Damaso; see ID., *The Sacred Vocal Music*, cit., pp. 167–169.

[5] *Ibid.,* pp. 170–171.

served in the Biblioteca Nazionale Universitaria, Turin, where it is bound as the fifth item, fols 45-88, in Giordano 35. Like the other documents in this volume, it is in upright quarto format. Its forty-four folios, each approximately 225 mm in width and 325 mm in height, comprise four gatherings as follows: (1) fols 45-60: eight nested bifolios, containing movements I-III; (2) fols 61-68: four nested bifolios, with movements IV and V and most of movement VI; (3) fols 69-78: five nested bifolios, with the remainder of movement VI, movements VII and VIII, and the first part of movement IX; (4) fols 79-88: a single bifolio on which movement IX is completed, followed by four nested bifolios containing movement X. All gatherings except the first are signed on their first pages with numbers representing their intended order; as is customary in Vivaldi's large manuscripts written after c.1724, each signature appears as an underlined numeral in the upper left-hand corner of the page. Such an assembly of fairly large gatherings, avoiding the use of separate four-leaf quires and single folios subject to loss or accidental rearrangement, is highly significant, for it almost certainly means that an earlier version (or versions) of the music must have existed. It is a manner of collation typical of scores written out by Vivaldi himself when he knew exactly, or could estimate fairly precisely, how much music-paper would be required: either when making a fair copy in the strict sense (i.e., duplicating the text of another document without change) or when producing a "composition copy", a mixture of music copied without alteration from elsewhere and music retouched or reinvented, minimally or otherwise, during the copying process. The autograph manuscript of RV 594 may be assigned confidently to the latter category.

The manuscript uniformly employs 16-stave music-paper of a special design, possessing staves ruled continuously across each half-sheet. As Vivaldi's notation of each movement shows, this feature conveniently allowed the music to be laid out in wide systems that continue across each opening, from a *verso* to the facing *recto*. All leaves are of a single type of paper manufactured in the Veneto, "B9", distinguished by its generic watermark of three crescent moons (*tre mezze lune*) and, among other features, a cornermark displaying the initials "FC".[6] Moreover,

all folios exhibit the same rastrography (the pattern of stave-ruling), produced with a single 16-stave rastrum; its span, from the uppermost to the lowest line, measures a little over 265 mm. This rastrography occurs in two other autographs: the hymn *Deus tuorum militum*, RV 612, and a setting in two *cori* of the Marian antiphon *Salve Regina*, RV 616.[7] Although shared rastrographies might not always mean close contemporaneity, the chances are great that these three manuscripts are of roughly similar date. Judging by the general incidence of paper-type B9 (with various rastrographies) among Vivaldi manuscripts, that date is likely to fall within a period encompassing the late 1720s and early 1730s.[8]

Vivaldi's title for the work, written in the centre of fol. 45*r*, reads simply: "Dixit | in due Cori | Del Viualdi". The music itself runs continuously over the remaining pages, from fol. 45*v* to fol. 88*v*. The composer's customary confirmation of the end of the work, "Finis", appears below the lowest stave on the final page. As is commonly the case with Vivaldi's own scores (which he probably assumed would be used only by himself and by copyists versed in his habits), the instrumental and vocal parts are mostly left unlabelled at the beginning of each movement: their identity is usually clear from their clefs and the sequence in which their staves occur in each system. Only on the first page of the music are the eight-stave groupings for the two *cori* distinguished by separate brackets and explicitly named ("P[ri]mo Coro" and "2do [secondo] Coro"). For movements I, II, V, VII, IX and X the music is laid out in 16-stave systems, where it is understood, unless Vivaldi directs to the contrary, that the parts for each *coro*

---

[6] The label "B9" is a provisional one deriving from the present writer's studies of the provenance and chronology of Vivaldi manuscripts; though it may need to be revised in the future, it is given here for consistency with existing literature. As one would expect, both "twin" forms of B9 are represented in the manuscript of RV 594. In one, the three crescents span approximately 107 mm in total; in the other, the equivalent measurement is approximately 103 mm.

[7] These are preserved, like the manuscript of RV 594, in Giordano 35: fols 126–144 and 145–162, respectively.

[8] Datable cases of B9 preserved in the Biblioteca Nazionale Universitaria, Turin, include some of Vivaldi's opera scores of the early 1730s—*Farnace* (version of Pavia, 1731), *Dorilla in Tempe* (1734), *L'Olimpiade* (1734)—and certain oboe concertos written out no earlier than late 1734, discussed in PAUL EVERETT, *Vivaldi's Paraphrased Oboe Concertos of the 1730s*, "Chigiana", 41, new series 21 (1989, published 1991), pp. 197–216. It would be wrong, however, to assume from these details that the present setting of the *Dixit Dominus* must likewise belong to the 1730s; other manuscripts show that Vivaldi had access to paper B9 during the 1720s.

are as follows, reading the staves from the top downwards: first violin, second violin, viola, soprano, alto, tenor, bass, *basso continuo*. The soprano, alto and tenor parts employ, as one would expect, C-clefs on the first, third and fourth lines, respectively. A similar layout applies in the case of the third movement; the only difference is that the system is now reduced to ten staves, the alto, tenor and bass voices for each *coro* being omitted. The fourth and eighth movements, for one *coro* alone, are notated in systems of five staves, a layout that permits three systems per page. Similarly, the sixth movement appears in two six-stave systems per page.

Throughout the manuscript, Vivaldi's notation is fairly neat and notably accurate, particularly with regard to accidentals. Further signs that he designed the score as a definitive text from which performance materials were to be derived include dynamic markings in most movements, *basso* parts figured more fully than is often the case, and the totalling at the end of each movement of the number of bars it contains.[9] These features, and the great frequency of abbreviated notation and cues (notably "Ut supra", meaning "as above") to indicate how certain parts are to be derived from others, show beyond doubt that the manuscript is a fair copy of music that in almost all respects was already fully defined. Nevertheless, the few instances of textual alteration in the manuscript, show that Vivaldi took the opportunity, here and there, to revise the music in the process (albeit in only minor respects, so far as can be judged).

The present vocal text normalizes tacitly that underlaid to the music in the source, adopting the orthography of the *Liber usualis*. The Italian version of these notes presents the liturgical text complete (see p. XV).

We turn, finally, to certain matters concerning performance that have not yet been discussed. Although the autograph manuscript never uses the word "solo" with reference to the vocal parts, it is understood that music that provides only one or two vocal parts (movements III, IV, VI and VIII) is to be sung by one singer per part. Such solos may, indeed, be judiciously embellished, and in the fourth movement a short vocal cadenza is invited by the fermata

in bar 67. It follows that in such movements the continuo group in each *coro* may need to be reduced during the vocal passages, especially those in which Vivaldi has omitted the upper instruments. Elsewhere, and especially in the movements scored for complete choirs of voices and instruments, there is no reason why the full continuo groups should not play throughout. In each *coro* it would be normal to employ for the *basso* part at least one stringed instrument (violone or double bass) sounding at sixteen-foot pitch, as well as cellos, and perhaps a bassoon. Of possible realizing instruments for each *coro*, the organ and the theorbo are the most suitable choices. It is appropriate to employ at least two organs in each *coro*, since in movements I, III and VII Vivaldi adds various directions that include the term "organi", as he does even in the *Confitebor tibi Domine*, RV 596, scored for a single *coro*. Though it is just conceivable that Vivaldi used the plural form in a generic sense to mean all the various realizing instruments, it is more likely that he actually meant multiple organs, probably the portable *organetti* that were then common in Italian churches.[10]

Vivaldi's dynamic markings in the present *Dixit Dominus* are typical in that they mostly indicate reductions (*piano*) from a full-bodied sound (*forte*) and are concerned as much with the relative balance of voices as with actual volume. In such a scheme, *forte* is a "default" dynamic more often assumed (especially at the beginning of a movement) than explicitly noted, and does not necessarily mean "loud" in an absolute sense. Unlike his *piano*, Vivaldi's *pianissimo* (specified at bars 16, 17 and 41 in the seventh movement) does require a notably hushed level. Further dynamic variance may of course be applied to suit acoustic conditions, the choice of instrumental and vocal forces or other factors; the composer's limited set of prescribed dynamics is surely intended, like the few editorial markings that supplement it, only as a framework within which performers may exercise discretion. It is noteworthy that Vivaldi seems to confer that right on the singers by not giving dynamics to the vocal parts even in passages where he prescribes them for the instruments (leaving aside the seventh movement). Such matters can, if we are not careful,

---

[9] In the case of movement VII, the total "35" given on fol. 75*r* accounts for only the final section: bars 54–88 in the present edition.

[10] On Vivaldi's use of the organ and other continuo instruments, see TALBOT, *The Sacred Vocal Music*, cit., pp. 282–283 and 500–501.

loom too large in our thinking about how music is to be interpreted. In the final analysis, the ideal communication of music of Vivaldi's period depends less on dynamic contrasts than on subtle variations in tempo, articulation and embellishment, spontaneously applied.

Vivaldi encouraged the rare practice, seemingly peculiar to Venice, of prefacing the performance of an elaborate setting of the *Dixit Dominus*, or of other portions of the liturgy such as the *Gloria* and the *Miserere*, with an *Introduzione*: a variety of solo motet, without a concluding "Alleluia", setting a Latin text that refers, directly or indirectly, to the liturgical text to follow. Of the eight surviving *Introduzioni* by Vivaldi, two are designed to precede the *Dixit Dominus*. One of them, *Ascende laeta*, RV 635, dates from the mid-1710s and thus cannot have been in-

tended to preface the present work. Today's performers who wish to include an *Introduzione* may prefer the other surviving example, *Canta in prato, ride in fonte* in G major, RV 636, which in several respects besides its suitable key forms a natural pairing with the present work. Unlike RV 635, RV 636 is roughly contemporary with RV 594 and has been linked by Talbot to the group of works with Laurentian associations, mentioned earlier. Most unusually for an *Introduzione*, RV 636 calls for a pair of oboes to double the violins, just as RV 594 does (at least, initially). Finally, there is the clear implication, arising from the fact that its autograph manuscript is inscribed "2 Cori" even though the motet itself is scored for a single ensemble and one soprano soloist, that RV 636 was intended to precede a setting of the *Dixit Dominus* for two *cori*.[11]

---

[11] The critical edition of RV 636 is available both by itself (PR 1272) or together with the other *Introduzioni* (PR 1286).

DIXIT DOMINUS
RV 594

DIXIT DOMINUS
Salmo 109
per due soprani, tenore e basso solisti,
due cori a quattro voci miste, due trombe, due oboi
e archi (due violini, viola e basso) divisi in due cori

RV 594

4

141329

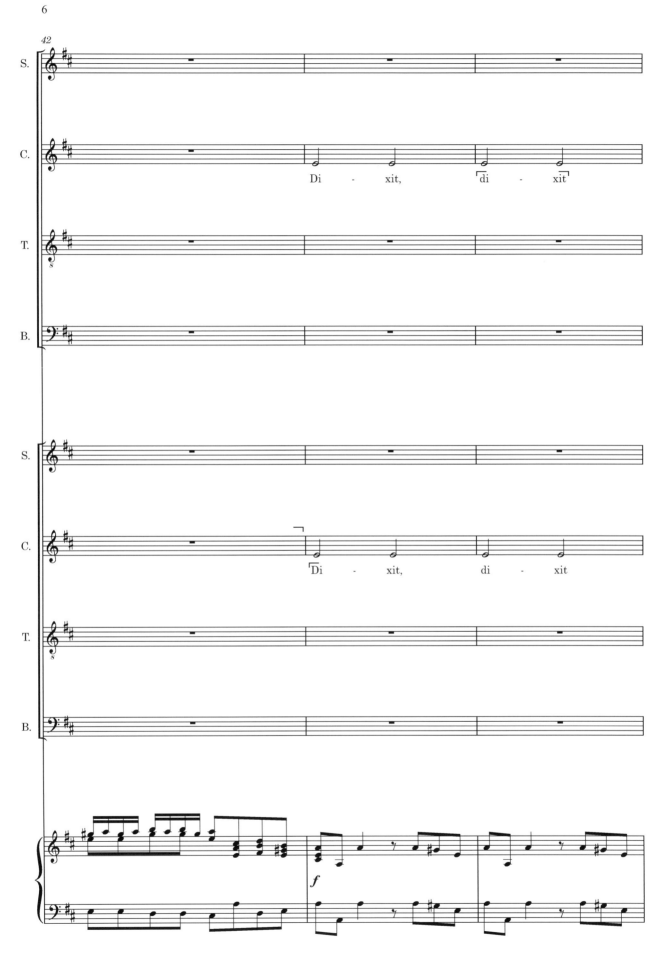

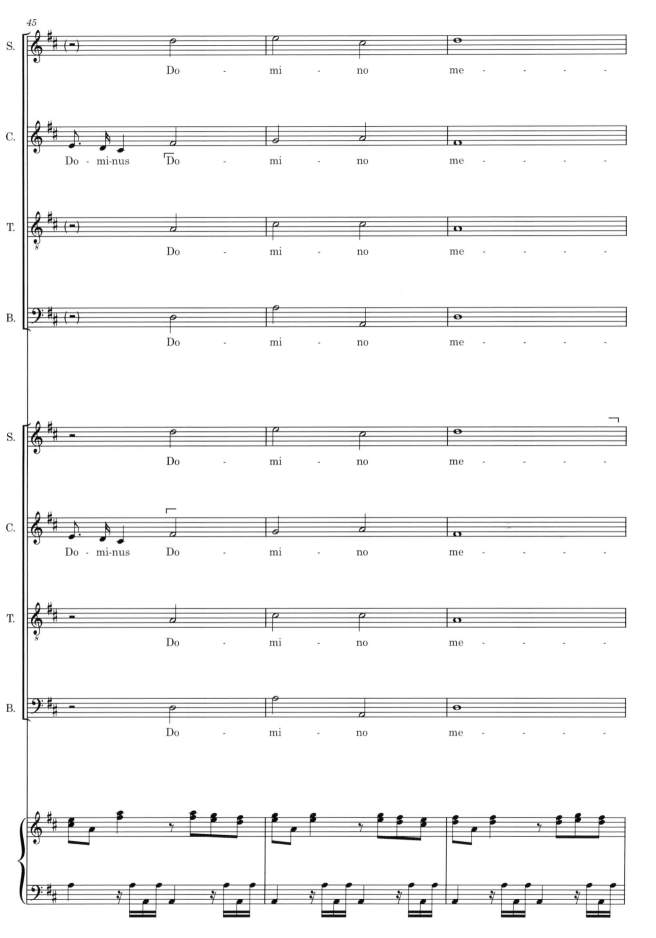

8

141329

12

141329

II

Largo

20

24

141329

26

III

141329

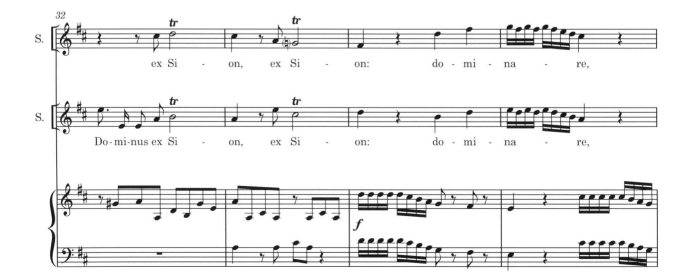

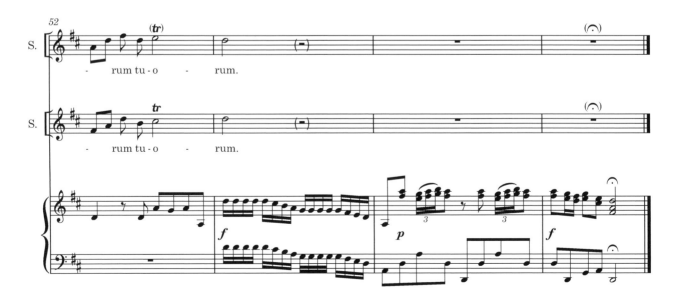

IV
Andante
Contralto
Andante
p
tr
C.
Te-cum prin - ci - pi-um in
C.
di - e vir-tu - tis tu - ae in splen-do - ri - bus san - cto - - -

38

141329

42

141329

44

141329

47
S.
or - di - nem Mel - chi - se - dech, Tu es sa - cer - dos in ae - ter - num
C.
or - di - nem Mel - chi - se - dech, in ae - ter - num
T.
or - di - nem Mel - chi - se - dech, Tu es sa - cer - dos in ae - ter - num
B.
or - di - nem Mel - chi - se - dech, Tu es sa - cer - dos in ae - ter - num
S.
or - di - nem Mel - chi - se - dech, Tu es sa -
C.
or - di - nem Mel - chi - se - dech, in
T.
or - di - nem Mel - chi - se - dech, Tu es sa -
B.
or - di - nem Mel - chi - se - dech, Tu es sa -

48

VI

52

141329

VII

56

141329

58

141329

60

141329

62

con - quas-sa - bit ca - pi - ta, con - quas-sa - bit ca - pi - ta,

con - quas-sa - bit ca - pi - ta, con - quas-sa - bit ca - pi - ta,

con - quas-sa - bit ca - pi - ta, con - quas-sa - bit ca - pi - ta,

con - quas-sa - bit ca - pi - ta, con - quas-sa - bit ca - pi - ta,

con - quas-sa - bit ca - pi - ta, con - quas-sa - bit

con - quas-sa - bit ca - pi - ta, con - quas-sa - bit

con - quas-sa - bit ca - pi - ta, con - quas-sa - bit

con - quas-sa - bit ca - pi - ta, con - quas-sa - bit

141329

64

141329

68

VIII

141329

vi - a bi - bet: prop - te - re-a e - xal - ta - - - - - - - - ta

- - - - - - - - - bit, e - xal - ta - - -

- - - - - - - - - - - - -

- - (3) - - bit ca - put. De tor -

70

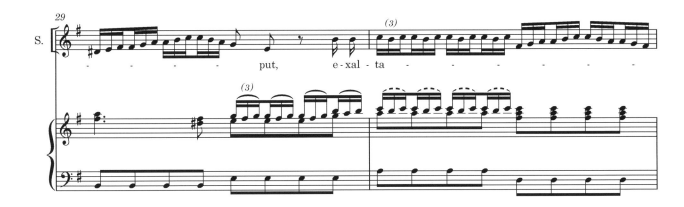

141329

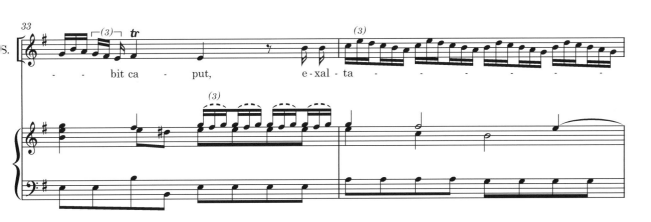

72

IX

Allegro

74

141329

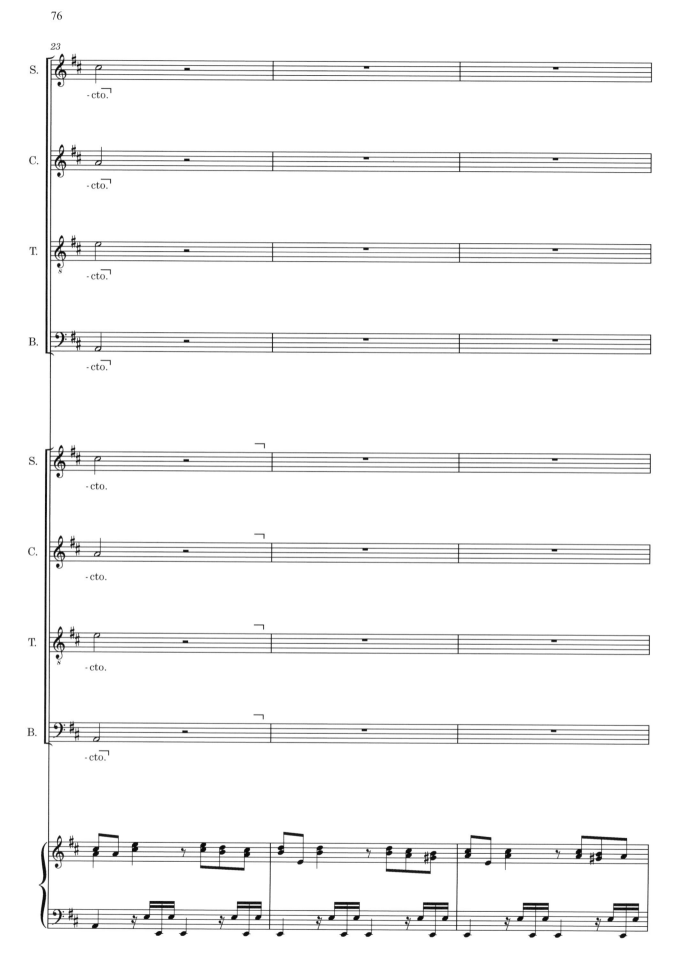

80

141329

82

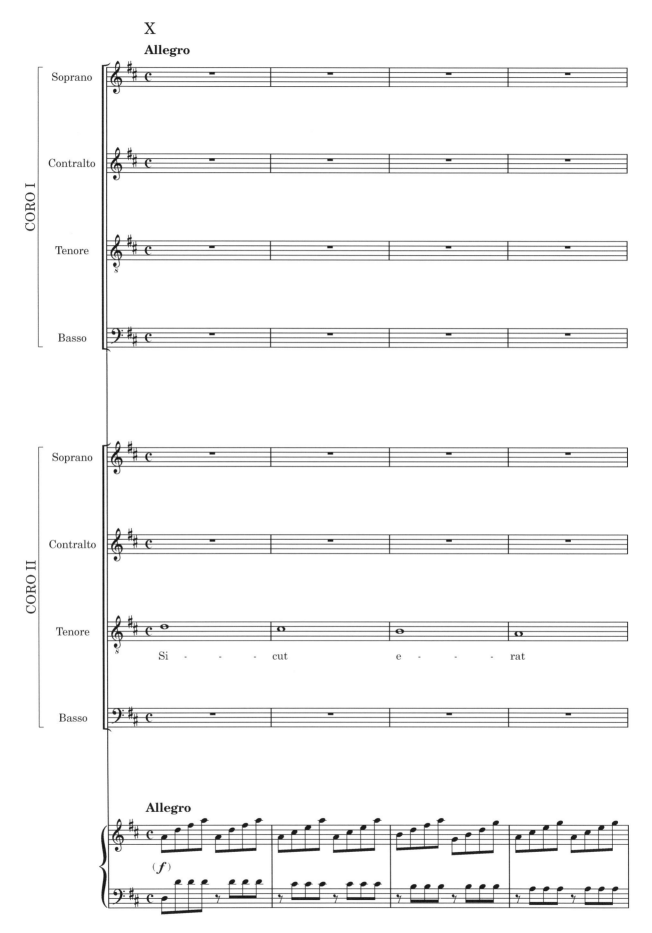

141329

84

141329

90

141329

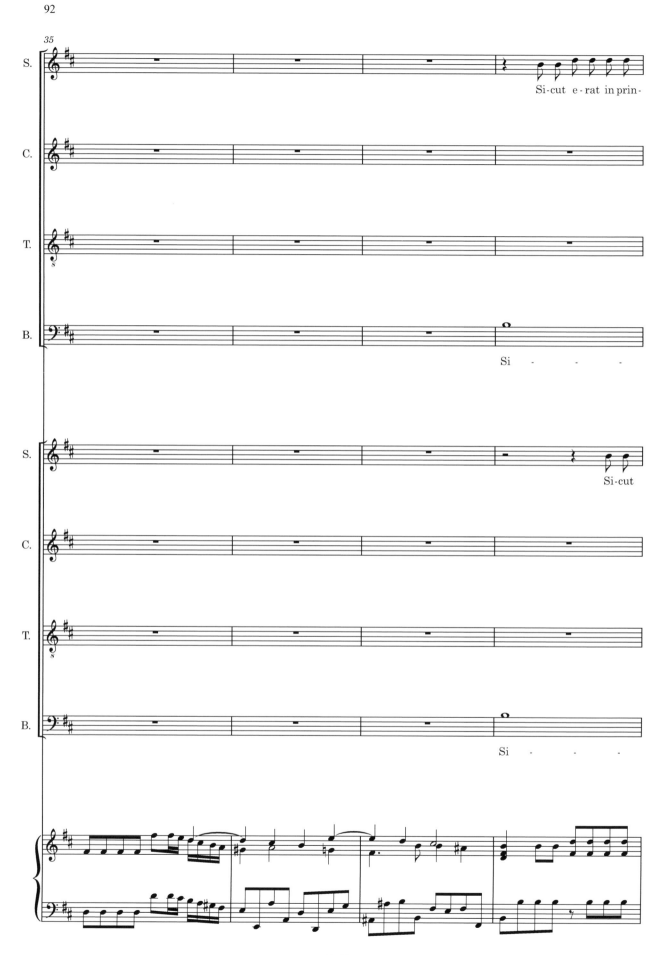

94

98

102

141329

APPARATO CRITICO

Qui di seguito le voci del coro vengono indicate semplicemente con le lettere maiuscole S, C, T e B (per soprano, contralto, tenore e basso, rispettivamente); le voci soliste e il basso strumentale (Basso) vengono indicate senza abbreviazioni.

movimento, battuta	coro	strumento, voce	
I, 1	I, II	Basso	Indicazione «Forte, e Org:^{ni} Soli».
I, 51	I	Basso	Semiminima Mi^2 al posto delle note 9 e 10.
III, 6	I, II	Basso	Indicazione «Forte e Org:^{ni} tutti».
III, 9	II	Basso	Indicazione «senza Org:», significando presumibilmente «organi» al plurale come alla b. 1.
III, 11	II	Basso	Indicazione con nota 5: «Tutti e F:^{e}».
III, 23	I	Basso	Nota 4 seminimina, senza successiva pausa di croma.
III, 39	II	Basso	Nota 4 seminimina, senza successiva pausa.
IV, 1	I		Indicazione prima del sistema: «P[ri]mo Coro».
IV, 1	I	Tutte le parti	Indicazione di tempo «3».
IV, 4	I	Basso	Note 4 e 6 senza diesis. Così anche alle bb. 11, 18 e 27.
V, 25-26	I	Basso	Notato nella chiave di tenore dalla nota 2 della b. 25 fino alla metà della b. 26. Così alla nota 3 della b. 27 fino alla nota 1 della b. 28.
V, 25	II	Basso	Note 2-8 notate in chiave di tenore. Così anche alla nota 3 della b. 27 fino alla nota 1 della b. 28.
V, 31	II	C, T, B	Queste parti della b. 31 sono state posizionate erroneamente da Vivaldi: B sul rigo per i T; T sul rigo per i C; e C sul rigo per i S.
V, 35-37	I, II	Tutte le parti	Gli accordi contrastanti sul battere di queste tre battute paiono mirare volutamente a sottolineare la separazione tra i due cori.
V, 36, 37	I, II	Basso	Coro I: nota 1 alla b. 36 cambiata da Vivaldi da Re^2. Coro II: nota 1 della b. 37 cambiata da Mi^2. Dato che Vivaldi non ha apportato simili cambiamenti alle parti vocali del basso, sembrerebbe che la differenza tra le parti strumentali e quelle vocali per i bassi sia intenzionale. L'intento di queste modifiche da parte di Vivaldi è forse un tentativo di mitigare i contrasti armonici (vedi annotazione precedente).
V, 38	II	T	Nota 3 Si^2.
VI, 1	I		Indicazione, situata sul rigo del tenore: «P[ri]mo Coro».
VI, 13	I	Basso (strumentale)	Nota 3 senza diesis.

VI, 25	I	Basso (vocale)	Pausa di semiminima dopo la nota 4, prima della pausa di croma.
VI, 43	I	Tenore	Note 5-10 raggruppate in coppie, suggerendo che prima intenzione di Vivaldi fosse disporre diverse sillabe alla maniera delle bb. 41-42.
VII, 35	II	S, C, T, B	Il manoscritto di Vivaldi non indica il punto (presumibilmente la b. 35) dove le voci del Coro II dovrebbero smettere di raddoppiare le voci del Coro I, come dalla sua indicazione «ut supra» alla b. 29.
VII, 53	I, II	Tutte le parti	Indicazione di tempo «3».
VIII, 1	I		La fonte non indica quale coro dovrebbe cantare in questo movimento. Sulla scorta dei movimenti IV e VI, si può ritenere il Coro I la scelta più appropriata.
VIII, 3	I	Basso	Note 2 e 4 cambiate da Mi^2.
VIII, 25-26	I	Soprano	Il testo «-te in via bibet» manca nel manoscritto.
IX, 20-21	I	Basso	Notato nella chiave di tenore dalla nota 1 della b. 20 fino alla nota 2 della b. 21.
IX, 21-23	I, II	S, C, T, B	Nella fonte manca il testo cantato dall'ultima nota della b. 21 fino alla prima nota della b. 23: la soluzione proposta è congetturale.
IX, 24	I, II	Basso	La numerica «7|5» è in posizione errata sotto la nota 5 della b. 23. Nota 5 di b. 24 con numerica «6|4».
IX, 32	I, II	Basso	La prima numerica reca «5|4».
X, 14	II	S	Note 6 e 7 Mi^4.
X, 47	I	Basso	Nota 5 senza diesis.
X, 47	I	B, Basso	Nota 9 senza diesis.
X, 51	II	B	Nota 8 senza diesis.
X, 67	II	C	Note 1 e 2 Fa^3 diesis.
X, 72-73	II	S	Il testo «Amen, amen» manca.
X, 75-76	I, II	S	Testo mancante, anche se il ritmo e i gambi delle note suggeriscono l'intenzione di Vivaldi di far intonare ai soprani il testo dei tenori.

CRITICAL COMMENTARY

Choral voices are referred to, below, merely by the capitals S, C, T and B (for soprano, contralto, tenor and bass, respectively); solo voices and the instrumental bass (Basso) appear without abbreviation.

movement, bar	coro	instrument, voice	
I, 1	I, II	Basso	Direction "Forte, e Org:ni Soli".
I, 51	I	Basso	Crotchet *e* in place of notes 9 and 10.
III, 6	I, II	Basso	Direction "Forte e Org:ni tutti".
III, 9	II	Basso	Direction "senza Org:", presumably meaning "organi" in the plural as in bar 1.
III, 11	II	Basso	Direction with note 5: "Tutti e F:e".
III, 23	I	Basso	Note 4 crotchet, without subsequent quaver rest.
III, 39	II	Basso	Note 4 crotchet, without subsequent rest.
IV, 1	I		Direction, before the system: "P[ri]mo Coro".
IV, 1	I	All parts	Time signature "3".
IV, 4	I	Basso	Notes 4 and 6 without sharp. Similarly in bars 11, 18 and 27.
V, 25–26	I	Basso	Notated in the tenor clef from note 2 in bar 25 through to the middle of bar 26. Similarly from note 3 in bar 27 to note 1 in bar 28.
V, 25	II	Basso	Notes 2–8 notated in the tenor clef. Similarly from note 3 in bar 27 to note 1 in bar 28.
V, 31	II	C, T, B	The notation of these parts in bar 31 was misplaced by Vivaldi: B on the stave for T; T on the stave for C; and C on the stave for S.
V, 35–37	I, II	All parts	The clash of chords on the first beats of these three bars appears to be a deliberate effect aimed at intensifying the separateness of the two cori.
V, 36, 37	I, II	Basso	Coro I: note 1 in bar 36 altered by Vivaldi from *d*. Coro II: note 1 in bar 37 altered from *e*. Since Vivaldi did not make similar alterations to the vocal bass parts, it appears that the difference between the instrumental and vocal bass parts is intentional. The purpose of Vivaldi's modifications was perhaps to mitigate the harmonic clashes (see the previous entry).
V, 38	II	T	Note 3 *b*.
VI, 1	I		Direction, located on the stave for tenor voice: "P[ri]mo Coro".
VI, 13	I	Basso (instrumental)	Note 3 without sharp.

110

VI, 25	I	Basso (vocal)	Crotchet rest after note 4, before the quaver rest.
VI, 43	I	Tenore	Notes 5–10 beamed in pairs of notes, hinting that Vivaldi's first thought was to set several syllables in the manner shown in bars 41–42.
VII, 35	II	S, C, T, B	Vivaldi's manuscript fails to indicate the point (presumably bar 35) at which the voices of Coro II should cease to duplicate the voices of Coro I, following his "ut supra" cue at bar 29.
VII, 53	I, II	All parts	Time signature "3".
VIII, 1	I		The source fails to indicate which coro is to perform this movement. From the precedent of movements IV and VI, one assumes that Coro I is the appropriate choice.
VIII, 3	I	Basso	Notes 2 and 4 altered from *e*.
VIII, 25–26	I	Soprano	The syllables "-te in via bibet" are missing from the underlay at this point.
IX, 20–21	I	Basso	Notated in the tenor clef from note 1 in bar 20 to note 2 in bar 21.
IX, 21–23	I, II	S, C, T, B	Since the source lacks vocal underlay from the final note in bar 21 to the first note in bar 23, the solution in the present edition is conjectural.
IX, 24	I, II	Basso	The figure "7|5" is misplaced below note 5 in bar 23. Note 5 figured "6|4" in bar 24.
IX, 32	I, II	Basso	The first figure reads "5|4".
X, 14	II	S	Notes 6 and 7 *e''*.
X, 47	I	Basso	Note 5 without sharp.
X, 47	I	B, Basso	Note 9 without sharp.
X, 51	II	B	Note 8 without sharp.
X, 67	II	C	Notes 1 and 2 *f'* sharp.
X, 72–73	II	S	The underlay "Amen, amen" is absent.
X, 75–76	I, II	S	Underlay absent, though the rhythm and beaming suggest that Vivaldi intended these parts to follow the underlay indicated in the tenor parts.